LES MILLIARDS

DE LA GUERRE

DU MÊME AUTEUR :

Aperçus financiers, t. I, 1868-1872. 1 vol. in-8° de 484 pag. Paris, Dentu, éditeur. Prix, 7 fr. 50

Aperçus financiers, t. II, 1872-1873. 1 vol. in-8° de 522 pag. Paris, Dentu, éditeur. Prix, 7 fr. 50

La Rente française, *ses origines, ses développements, ses avantages*. In-8°. Paris, Dentu, éditeur.

De la Nécessité d'un Conseil supérieur des finances, in-8°. Paris, Dentu, éditeur.

EN PRÉPARATION :

COLBERT

ET LA

RÉORGANISATION FINANCIÈRE DE LA FRANCE

AU DIX-SEPTIÈME SIÈCLE

Paris. — Imp. Balitout, Questroy et Ce, 7, rue Baillif.

ALFRED NEYMARCK

LES MILLIARDS

DE LA GUERRE

Comment a-t-on trouvé les cinq milliards?

Ont-ils enrichi l'Allemagne?

Ont-ils appauvri la France?

Le Milliard de la Paix.

PARIS

E. DENTU, LIBRAIRE-ÉDITEUR

PALAIS-ROYAL, 17-19, GALERIE D'ORLÉANS

1874

LES MILLIARDS
DE LA GUERRE

PREMIÈRE PARTIE

—

COMMENT ON A TROUVÉ LES CINQ MILLIARDS

Développement progressif de la Richesse publique.

I

Monsieur Léon Say, membre de l'Assemblée nationale, vient de publier le rapport qu'il a fait, au nom de la Commission du budget de 1875, sur le paiement de l'indemnité de guerre et sur les opérations de change auxquelles ce paiement a donné lieu. Ce rapport volumineux est, au point de vue économique, intéressant à consulter. Il montre comment les versements des sommes considérables que nous devions à l'Allemagne ont été faits, comment le gouvernement français s'est procuré les valeurs que l'Allemagne acceptait en paiement, comment a été employé le produit des deux grands emprunts de 1871 et 1872. Il donne le détail des matières d'or et d'argent, des lettres de change remises en paiement : c'est, en un mot, un exposé des procédés que le Trésor a employés pour réunir les ressources destinées à payer les 5 milliards, pour transformer ces ressources en valeurs étrangères, et pour en faire passer le montant en Allemagne après les avoir transformées.

Nous trouvons aussi, dans le rapport de M. Léon Say, la constatation officielle de l'unité financière de l'Europe, ce fait nouveau dans l'histoire économique, dont nous avons indiqué, dans de précédents écrits, les principaux caractères.

Lors de l'emprunt de 3 milliards, au mois de juillet 1872, le gouvernement français fit un traité avec un syndicat de banquiers pour la fourniture de 700 millions de francs en changes étrangers.

Toutes les grandes maisons de banque de l'Europe ont concouru à cette opération, et il suffit, pour en montrer l'étendue et la grandeur, de dire que le nombre des maisons qui ont signé le traité ou qui y ont adhéré était de cinquante-cinq, et que plusieurs d'entre elles représentaient des syndicats de banquiers; ce qui portait le nombre des intéressés à un chiffre bien plus considérable encore.

La concentration des efforts de toutes les maisons de banque de l'Europe a produit des résultats inespérés. Toutes les autres affaires ont été suspendues pendant un temps, et les capitaux de toutes les banques privées et de tous leurs clients ont concouru à assurer le succès du placement des emprunts français et le passage des capitaux à l'étranger.

II

Toutefois, à ce rapport qu'il faut lire avec soin, et qui se termine par un éloge mérité des efforts laborieux de M. Thiers,

« du gouvernement nouveau institué par l'Assemblée nationale le 24 mai 1873 » et de ceux des agents du Trésor qui, dans une situation unique, où tout était à créer et où il fallait improviser chaque jour, devaient se transformer « en banquiers, en cambistes, en acheteurs et vendeurs de métaux précieux, » à ce rapport, disons-nous, il manque une conclusion pratique, un enseignement sérieux pour nos finances publiques, pour la direction de nos affaires commerciales, industrielles et financières. Sans doute, il est intéressant de savoir comment des billets de banque français ont été transformés en billets anglais, belges, hollandais, etc., pour devenir finalement des billets prussiens ou bien de l'or et de l'argent monnayés; sans doute, il est juste de signaler avec quelle prévoyance les versements à faire à l'Allemagne étaient combinés avec les versements provenant des souscripteurs de nos emprunts; avec quelle sagesse les achats d'or et d'argent ont été faits, comment on a pu se procurer — et à quel prix — les lettres de change dont on avait besoin. Mais quel plus grand intérêt eût présenté le Rapport de M. Léon Say, s'il nous eût également démontré à quelles sources de travail et de richesse la France a puisé ces 5 milliards !

Comment a-t-on pu trouver 5 milliards dans un pays que l'on disait épuisé, anéanti, et qui avait déjà dépensé 5 autres milliards en frais de guerre?

A quelles causes faut-il attribuer cette véritable richesse publique?

Quels ont été les procédés employés pour enrichir le pays au point de tirer de son sein près de 10 milliards?

La France, disait-on autrefois, est assez riche pour payer sa gloire. Les tristes événements de 1870, les désastres de la guerre, ont prouvé que la France était assez riche pour payer ses malheurs. Comment a-t-elle trouvé cette richesse? Quels moyens l'ont développée? A quelles mesures doit-on cette transformation? Quels sont les actes politiques ou financiers qui ont mis le mieux en œuvre les ressources du pays?

Voilà de nombreuses questions sur lesquelles se tait le rapport de M. Léon Say, questions délicates, sans doute, sur lesquelles le public eût été bien aise d'être renseigné. Après nous avoir montré de quelle façon et de quelle manière nous avons payé, il fallait nous dire aussi comment nous avons pu payer, comment nous étions devenus assez riches pour le faire.

III

Et cependant, quelle étude attrayante, quelle histoire instructive que celle du développement progressif de la richesse publique de la France! Nous allons essayer, par quelques chiffres puisés à des sources sûres, de donner un résumé des progrès accomplis par l'industrie et le commerce au moment où éclatait la guerre. Peut-être alors ne s'étonnera-t-on plus autant de la facilité avec laquelle la France a payé ses dépenses de guerre et sa rançon.

Les progrès de l'agriculture, le développement du commerce et de l'industrie, l'impulsion donnée aux travaux de chemins de fer, aux grands travaux publics, soit pour l'embellissement et l'assainissement des villes, soit pour l'élévation de monuments; la multiplication des voies de communication; l'amélioration des canaux et des rivières; l'agrandissement des ports; à côté de l'extension du réseau des chemins de fer, l'extension donnée au réseau télégraphique, à la poste; les encouragements à l'agriculture; la création de chambres consultatives, de comices et de concours agricoles; la loi sur le drainage; le reboisement des montagnes; la mise en valeur des biens communaux; la création des institutions de crédit, de la caisse de la boulangerie, de nombreuses Sociétés coopératives; les traités de commerce avec l'Angleterre et avec presque tous les pays du monde ; la suppression de l'échelle mobile ; la création de la grande navigation à vapeur transatlantique ; les progrès accomplis dans la législation : abolition de la mort civile, loi sur les coalitions, liberté de l'enseignement, organisation d'un enseignement secondaire spécial, fondation et augmentation de bibliothèques communales ; encouragements aux missions scientifiques, à l'archéologie, aux lettres, aux sciences, aux arts : voilà en quelques lignes les causes du développement progressif de la richesse de notre pays ; voilà la source et l'explication des progrès accomplis en France depuis moins de vingt-cinq ans, progrès que tout le monde peut, comme nous, évaluer par des chiffres.

IV

L'agriculture est entrée dans une voie nouvelle : elle a substitué à la grande propriété, souvent trop indifférente, a petite, qui s'acharne après la terre pour lui faire produire tout ce qu'elle peut donner.

Avant 1789, le clergé et la noblesse étaient propriétaires des deux tiers du territoire. Aujourd'hui, les grandes propriétés qui paient 500 fr. d'impôt et davantage sont très loin d'atteindre 1 p. 100 de l'ensemble du territoire ; la moyenne propriété est d'environ 8 p. 100 ; la petite propriété, celle qui est cotée de 10 à 50 fr. d'impôt, peut être évaluée à 26 p. 100. En 1868, le nombre total des cotes foncières était de 14,317,065. En 1870, les cotes foncières atteignaient la chiffre de 14,485,282.

En 1821, la valeur vénale du sol était évaluée à 39 milliards, 514 millions ; en 1851, à 83 milliards 744 millions. Aujourd'hui, les terrains d'une qualité inférieure, morcelés et acquis presque exclusivement par des cultivateurs, ont quadruplé et même quintuplé de prix.

En 1815, le rendement par hectare était de 8,59 p. 100 ; en 1868, il atteignait 16 p. 100.

En 1851, la surface cultivée en froment était de 5,999,376 hectares ; en 1867, elle était de 6,960,425 hectares, soit un accroissement de 961,049 hectares ou de 16 p. 100.

De 1843 à 1852, la production moyenne annuelle du blé par tête d'habitant avait été de 1 hectolitre 97 litres ; de 1863 à 1867, elle s'éleva à 2 hectolitres 20 litres.

En 1789, la France possédait un million et demi d'hectares plantés en vigne ; en 1869, elle en avait deux millions deux cent mille.

En 1852, la production des vins jaugeait 28,460,601 hectolitres ; en 1866, elle s'élevait à 63,838,000 hectolitres, et atteignait 70 millions en 1869.

Le commerce extérieur de la France s'est développé dans des proportions inouïes.

Le tableau suivant que nous relevons d'après les états de douane en donnera une idée :

PÉRIODES	IMPORTATIONS	EXPORTATIONS
	Millions.	Millions.
Moyenne de 1827 à 1836.........	479.9	521.4
— 1837 à 1846.........	776.4	712.9
— 1847 à 1856.........	1.077.1	1.223.7
— 1857 à 1866.........	2.200.5	2.430.1
Année 1867....................	3.025.5	2.825.9
— 1868....................	3.303.7	2.789.9
— 1869....................	3.153.1	3.074.9

Ainsi, en 1869, les importations et les exportations s'élevaient au chiffre de 6 milliards 228 millions ; c'est-à-dire à un chiffre six fois plus élevé que sous les meilleures années de Charles X ou de Louis-Philippe.

Les importations de notre commerce spécial étaient de :

En 1831.	374.188.539 fr.
En 1849.	779.795.145
En 1869.	3.153.071.227

Les importations de notre commerce général ne sont pas moins considérables. Elles étaient de :

En 1831.	512.825.554 fr.
En 1849.	1.142.257.704
En 1869.	4.008.699.695

Quant aux exportations, les résultats comparatifs sont tout aussi frappants.

Les exportations du commerce général de la France étaient de :

En 1831.	618.169.911 fr.
En 1849.	1.422.333.917
En 1869.	3.993.578.498

Les postes rapportaient au Trésor :

En 1831.	32.000.000 fr.
En 1851.	44.307.434
En 1868.	89.457.429
En 1869. , ...	94.000.000

En 1851, l'industrie française employait 10,384 chaudières à vapeur d'une force de 70,631 chevaux; en 1866, elle en employait 51,190 représentant une force de 274,936 chevaux.

Pendant la même période la production de la houille s'était élevée de 44 millions de quintaux métriques à 122 millions.

En 1851, la production métallurgique avait été de 8 millions 548.538 quintaux métriques pour une valeur de 235 millions de francs; s'éleva en 1866 à 25.286.848 quintaux métriques pour une valeur de plus de 520 millions.

Ainsi, en moins de quinze ans, la puissance productive de notre industrie avait triplé.

Les revenus des contributions directes et indirectes, ceux des produits domaniaux, des postes et ceux de recettes de diverses origines, produisaient au Trésor :

En 1815.	734.962.211 fr.	»
En 1831.	986.201.158	»
En 1847.	1.334.326.262	19
En 1869.	2.230.254.689	37

Faut-il parler des chemins de fer et examiner le développement qu'ils ont reçu, les produits qu'ils ont donnés, le bien qu'ils ont fait?

En 1848, à la chute du Gouvernement de Juillet, les chemins de fer en exploitation s'élevaient à. 1.830 kilomètres.
les chemins de fer en construction. . . 2.872 »

Total du réseau. . . 4.702 kilomètres.

Au 1er janvier 1842, la longueur des lignes en exploitation était d'environ 3.650 kilomètres.

Au 31 décembre 1866,

les lignes en exploitation s'élevaient à. . .	14.514	kil.
» en construction s'élevaient à. . .	6.526	»
Total. . . .	21.040	kil.

De 1852 à 1866, il a été livré à l'exploitation 10.864 kilomètres de chemins de fer, soit exactement 2 kilomètres par jour pendant 15 années consécutives.

En 1869, la longueur des lignes exploitées était de 16.260 kilomètres,

En 1851, le revenu net était de. . . 58.568.181 fr.
En 1867, il s'élevait déjà à. . . . 368.200.028

En 1851, le nombre des voyageurs transportés à toute distance n'était que de. 19.936.399
En 1867, ce nombre s'était élevé à. . . . 101.610.000

A la fin de 1873, d'après un rapport présenté à l'Assemblée nationale, dans sa séance du 12 décembre, par M. de Montgolfier, au nom de la commission d'enquête sur les chemins de fer, 23.360 kilomètres étaient concédés à titre définitif et à titre éventuel ; 10.138.500.000 fr. avaient été déjà dépensés pour la construction de ces voies ferrées ; l'État s'est engagé pour 1.638.500.000 fr., et a déjà payé en garanties et subventions, 1.005.904.000 fr.

Ajoutons que, d'après M. de Montgolfier, les profits particuliers, que l'État retire annuellement de l'exécution des chemins de fer, soit en recettes perçues, soit en économies réalisées, s'élèvent à 162.767.800 fr.

La Banque de France, à son origine, escomptait 112 millions d'effets de commerce :

En 1847,	le chiffre de ses escomptes	est de	1.814.759.000 fr.
En 1852,	—	—	1.824.469.000
En 1862,	—	—	5.431.600.000
En 1866,	—	—	6.574.900.000
En 1869,	—	—	6.682.000.000

Veut-on savoir enfin à quel chiffre énorme s'élève la fortune mobilière de la France ?

Le *Journal officiel* du 22 janvier 1874 nous l'apprendra.

A cette époque, l'impôt de 3 p. 100 sur le revenu des valeurs mobilières, évalué pour l'année 1873 à 24 millions, avait produit pendant ladite année, une somme de 31 millions 760 mille francs. Il faut donc que le revenu total annuel des valeurs mobilières atteigne le chiffre de 1,058 millions pour qu'un impôt de 3 p. 100 produise net au Trésor plus de 31 millions. Si nous capitalisons à 6 p. 100 ce revenu de

1.058 millions, cette capitalisation représente exactement un capital de 17,633 millions.

Il y a donc, circulant en France, appartenant à des Français, près de 18 milliards de valeurs mobilières, sans compter une quantité innombrable de valeurs étrangères, non sujettes à l'impôt sur le revenu, sans compter encore les titres de rente française qui sont également exempts d'impôt.

Les rentes 5 p. 100, 4 1/2 p. 100, 4 p. 100, 3 p. 100 formant notre dette consolidée exigent une annuité de 748 millions 593.642 fr. Les annuités diverses afférentes aux canaux, à la Société Algérienne, aux obligations Trentenaires et Morgan, sont inscrites également au budget pour une annuité de 4.141.859 fr. La dette française nécessite donc un crédit annuel de 752.735.501 fr., qui représentent à 5 p. 100 un capital de 15.045 millions.

Ces 15.045 millions ajoutés aux 18 milliards de valeurs mobilières forment un total de 33 milliards, comme équivalent de la fortune mobilière de la France, sans compter, répétons-le, les valeurs étrangères qui se trouvent dans le portefeuille des capitalistes français, sans compter non plus les placements faits à l'étranger.

On peut évaluer à plus de 2 milliards le revenu annuel que donnent aux capitalistes français les valeurs mobilières, françaises et étrangères, sans parler, bien entendu d'une quantité de valeurs locales non cotées ou se négociant à l'étranger, et par là, échappant à tout contrôle rigoureusement exact.

V

Faut-il s'étonner, après de semblables chiffres, tous tirés, répétons-le, de documents officiels, que la France ait pu trouver aussi facilement les 5 milliards de sa rançon, les 5 milliards de dépenses de la guerre?

Ces chiffres prouvent que, depuis vingt-cinq ans, une impulsion extraordinaire avait été imprimée à la prospérité publique et que le pays en avait obtenu des résultats féconds.

Ces chiffres prouvent encore que les grands travaux publics, les encouragements donnés à l'agriculture, les immenses dépenses faites pour l'extension des chemins de fer, des télégraphes, des canaux, des routes, ont développé le commerce et l'industrie dans des proportions inouïes : les grands travaux de la paix sont donc une source certaine de richesse pour le peuple.

Ces chiffres prouvent qu'un gouvernement ne doit jamais hésiter à faire les dépenses nécessaires à ces grands travaux, à ces œuvres fécondes, sous prétexte d'économies. Ces économies là sont mauvaises, parce qu'elles peuvent tuer la poule aux œufs d'or, c'est-à-dire tarir la source du travail, du commerce et de l'industrie, la source de la production.

Ces chiffres prouvent encore qu'en matière économique et financière, nous n'avons rien de mieux à faire qu'à suivre et à améliorer, s'il est possible, le système économique et financier que des esprits éminents ont inauguré, qu'ils ont mis en œuvre, malgré les attaques passionnées des uns, les injustes défiances des autres.

Le développement du commerce et de l'industrie, la prospérité de nos finances publiques, le relèvement de notre crédit, tels sont aujourd'hui nos véritables éléments de revanche. Ce sont les économies réalisées grâce à notre prospérité d'autrefois qui nous ont permis de payer les 10 milliards que la guerre a coûtés. Grâce à cette prospérité, nous pouvons faire face à un budget qui exige annuellement 2,600 millions, c'est-à-dire plus de 216 millions par mois, près de 7 millions par jour. Il faut donc que la France travaille et produise : travaille pour récupérer ce qu'elle a perdu, produise pour retrouver son ancienne prospérité.

Nous avons montré comment nous avions trouvé les cinq milliards : puisse le passé nous servir d'exemple ! Le maintien de l'ordre, la sécurité de la propriété, les facilités les plus larges données à la liberté du travail ; la multiplication, le perfectionnement des différents moyens de communication ; l'exécution de grands travaux d'utilité publique ; le développement des institutions de crédit et de l'instruction publique, voilà le système financier que nous devons hardiment mettre en œuvre ; voilà le système qui nous aidera à retrouver les milliards que nous avons payés et une situation prospère que nous avons perdue ; voilà le programme que nous voudrions voir adopté par le Gouvernement et par l'Assemblée nationale, programme financier modeste, mais dont les résultats seront plus féconds pour le pays, qu'on en soit convaincu, que toutes les discussions sur les constitutions et les théories politiques.

DEUXIÈME PARTIE

—

NOS CINQ MILLIARDS

ONT-ILS ENRICHI L'ALLEMAGNE?

I

Nous savons tous ce que la guerre nous a coûté: deux provinces, 5 milliards de frais et 5 milliards d'indemnité. Pour payer ces 10 milliards, nous savons encore que des emprunts ont été nécessaires; que pour payer les intérêts de ces emprunts, il a fallu créer des impôts nouveaux, et augmenter ceux qui existaient déjà.

Avant la guerre, le budget normal du pays était environ de 1,800 millions par an. Il atteint aujourd'hui 2,600 millions. Il a donc fallu trouver 800 millions de ressources nouvelles pour subvenir annuellement aux charges que la guerre de 1870 nous a laissées.

Nous avons montré comment et avec quelle étonnante facilité la France avait pu faire face à d'aussi formidables engagements ; recherchons maintenant si les sommes fabuleuses que nous avons payées ont enrichi l'Allemagne, si ces 5 milliards mis ainsi à sa complète disposition ont aidé au développement de son crédit et de ses ressources industrielles et financières, ou bien ont servi à alléger les dettes publiques des gouvernements allemands, de la Prusse en particulier, et des autres Etats confédérés.

II

La dette publique de la Prusse s'élevait, à la fin de 1864, à 268.671.204 thalers ; en 1867, après la guerre contre l'Autriche, cette dette était de 378.300.000 thalers, soit 100 millions de thalers d'augmentation. En 1870, la progression de la dette continue : 424.380.000 thalers; en 1871 nouvelle progression: 466.861.666 thalers. De 1864 à 1871, la dette publique de la Prusse a donc augmenté de 178.190.461 thalers, soit de plus de 660 millions de francs !

Nos milliards n'ont donc nullement servi à diminuer la dette publique de la Prusse. Nous voyons, au contraire, une augmentation continue de cette dette : non-seulement les impôts créés pour soutenir cette guerre n'ont pas été abolis, mais il a fallu en créer de nouveaux pour faire face à une progression constante des charges publiques.

Tout récemment, le ministre des finances de la Prusse a présenté son exposé financier au Parlement allemand. Il conclut en demandant l'autorisation d'émettre un emprunt pour subvenir à des charges et dépenses imprévues.

Est-ce la Bavière qui a trouvé, dans nos cinq milliards, un allégement pour sa dette publique? On en jugera par les chiffres suivants :

Cette dette s'élevait :

En mai 1866 à. . . .	534.405.151 florins.
En 1871 à	493.000.000 —
En 1873 à	495.490.588 —

La guerre a-t-elle diminué les charges du royaume de Würtemberg? Pas davantage.

La dette publique de ce pays était de :

En 1865	75.514.020 florins.
En 1871	183.804.550 —
En 1873	189.689.420 —

Le grand-duché de Bade, dont la dette publique s'élevait, en 1866, à 83.506.107 florins, a, en 1873, une dette de 134.838.423 florins.

La Saxe royale, dont la dette était de 67.992.517 thalers en 1863, voit cette dette presque doublée en 1872 ; à cette époque, en effet, elle s'élève à 104.253.400 thalers, sans compter une circulation de 12 millions de thalers de papier-monnaie.

Faut-il parler du duché d'Oldenbourg, des duchés de Brunswick, de Mecklembourg-Schwerin et Mecklembourg-Strelitz, en un mot de toutes les petites principautés inféodées à la Prusse ? Faut-il donner les chiffres exacts de leur dette publique, et montrer combien, pour ces humbles États, la progression de la dette a été plus grande encore ? En 1870, la dette du duché de Brunswick était de 13.974.746 thalers ; en 1872, elle atteint 26 millions de thalers, soit une augmentation de 100 p. 100. Dans le duché d'Oldenbourg, qui compte à peine 350.000 habitants, la dette publique s'élevait à 3.143.900 thalers en 1864 ; en 1872, elle atteint 12 millions de thalers, c'est-à-dire que cette dette a quadruplé en sept années.

Nous pourrions multiplier ces exemples. Ils prouvent que malgré deux guerres heureuses, malgré le paiement entre ses mains d'indemnités considérables, l'Allemagne n'a nullement diminué les charges qui pèsent sur ses peuples. Toutes les dettes publiques des divers Etats qui composent l'empire allemand ont suivi une constante progression, et, lorsque les dettes augmentent, les impôts, loin de diminuer, augmentent dans des proportions non moins considérables.

Voici, du reste, une preuve évidente de ce que nous avançons. Nous avons sous les yeux un travail publié en 1871 dans la « Revue du Bureau de la statistique de la Prusse » (*Zeitschrifft,* etc.), dirigée par M. le conseiller intime Engel.

D'après ce travail, le total des contributions provinciales, d'arrondissement et communales, s'élevait, en Prusse :

En 1849 à.	16.000.000	thalers.
En 1857 à.	20.750.000	—
En 1867 à.	46.000.000	—

La progression des impôts est, ainsi qu'on peut le remarquer, écrasante ; et cette progression a été sans cesse en augmentant, puisque depuis 1867, la dette publique a augmenté encore de plus de 80 millions de thalers.

III

Si l'Allemagne, malgré les 5 milliards qu'elle a reçus, n'a pu ni alléger sa dette, ni diminuer ses impôts, ni même empêcher l'augmentation de cette dette et de ces impôts, a-t-elle du moins encouragé la finance, le commerce, l'industrie ? Les 5 milliards ont-ils aidé à leur développement ? Les commerçants allemands ont-ils vu leurs affaires prospérer ?

Lorsqu'on sut, en Allemagne, que la France devait payer 5 milliards, ce fut un cri de joie, car, il n'y avait peut-être pas un seul Allemand qui ne se figurât devoir recevoir une parcelle quelconque de ces milliards. On croyait que cette énorme rançon serait lancée dans le commerce et l'industrie et donnerait ainsi les plus larges facilités aux affaires du pays. On vit alors s'élever par toute l'Allemagne une fièvre de spéculation dont il est difficile de se faire une idée : spéculations sur les valeurs de bourse, spéculations sur les terrains, sur les maisons : c'était de la fureur, c'était un véritable délire. De juillet 1871 à juin 1872, quarante-deux Banques par actions furent fondées; cent soixante-quatre Sociétés industrielles dont quatre-vingt-sept représentaient un capital de 80.262.750 thalers (près de 300 millions de rancs) furent créées.

Ces diverses Sociétés se répartissaient ainsi :

9	pour l'exploitation de mines au capital de	13.136.000 th.
15	pour l'exploitation de brasseries au capital de.	6.880.000 —
14	pour l'exploitation d'usines métallurgiques au capital de.	19.950.000 —
6	pour l'exploitation des fabriques de produits chimiques au capital de .	2.689.000 —
5	pour l'exploitation de la fabrication de papiers au capital de	1.000.000 —
37	fabriques diverses représentant un capital de.	33.842.150 —

Ce qu'il advint de toutes ces spéculations, ce fut une ruine à peu près complète. L'an dernier une crise financière des plus intenses sévissait en Allemagne; chaque jour on apprenait de nouveaux sinistres, de nouvelles faillites. Aujourd'hui encore, les marchés financiers allemands se ressentent de cette crise violente; les affaires sont des plus restreintes sur toutes les places, et surtout des plus difficiles. On en jugera par le fait suivant: la Ville de Naples cherche à contracter en ce moment un emprunt de 50 millions; elle s'est adressée à des banquiers Allemands. Or, d'après des dépêches que tout le monde a pu lire, comme nous, dans la plupart des journaux, les négociations entamées sur cette affaire n'ont pu aboutir, vu le mauvais état des places financières de l'Allemagne.

IV

Quel a donc été l'emploi de nos 5 milliards, puisqu'ils n'ont servi ni à l'allégement des charges des populations allemandes, ni au développement de leurs affaires? La Chancellerie fédérale s'est expliquée à ce sujet dans le Mémoire qu'elle a adressé au Parlement.

Mais d'abord combien l'Allemagne a-t-elle reçu réellement?

D'abord les 5 milliards, puis des intérêts à 5 p. 100 pour une somme de 301.191.959 fr., soit ensemble et en monnaie allemande 1.413.651.189 thalers. A cette somme il faut ajouter la contribution de guerre de la ville de Paris : 53.500.865 thalers; et encore les contributions levées sur un grand nombre d'autres villes. De ces sommes, la plus notable partie a été absorbée par des dépenses militaires; cependant, toutes déductions faites, il en reste encore environ 17.394.220 thalers. C'est en tout 1.484.551.274 thalers. Il est vrai que sur cette somme l'Allemagne nous a payé 325 millions de francs, soit 86.666.666 thalers, pour le rachat des chemins de fer du territoire annexé; reste donc, en fin de compte, à l'Allemagne : 1.397.804.608 thalers, ou 5.142.067.280 fr.

A quoi ont été consacrées ces ressources qui peuvent bien

être qualifiées d'extraordinaires? Le voici, du moins pour ce qui est ostensiblement avoué :

480.777.029 thalers doivent être employés pour le fonds des invalides, la restauration et l'armement des forteresses de l'Alsace-Lorraine, les chemins de fer Alsaciens-Lorrains et Guillaume-Luxembourg, le Trésor militaire, l'administration de la marine, l'avance permanente pour l'administration militaire, les dotations des généraux et des hommes d'Etat, les secours aux Allemands expulsés de France, les frais du Quartier-Général ;

37.700.000 thalers pour indemnités de guerre ;

5.600.000 thalers d'indemnités aux armateurs allemands ;

300.000 thalers pour médailles commémoratives ;

10.089.774 thalers pour pension aux invalides pendant l'année 1872 ;

5.980.000 thalers aussi aux invalides pour le temps où le fonds spécial qui leur est assigné ne sera pas placé ;

9.847.187 thalers pour armement et désarmement des forteresses ;

9.352.512 thalers pour l'administration maritime ;

4.791.986 thalers pour construction ou reconstruction de chemins de fer stratégiques ;

202.791 thalers pour la télégraphie militaire ;

3.753.714 thalers pour frais de l'administration civile en France ;

815.000 thalers pour indemnités à l'administration des postes et des télégraphes ;

21.000.000 thalers pour supplément de dépenses pendant l'occupation des territoires français ;

250.000 thalers pour frais divers à la charge de la caisse de l'Empire ;

Soit en tout 600.836.627 thalers consacrés à des dépenses militaires d'intérêt fédéral.

Quant aux 793.000.000 de thalers restants, ils doivent être répartis entre les Etats fédérés, sauf cependant 108.596.810

thalers d'une part et 6.119.000 de l'autre, déjà absorbés par des dépenses urgentes.

La répartition entre les Etats fédérés est fixée comme suit:

Confédération du Nord. .	530.116.053	thalers.
Bavière.	90.200.411	—
Würtemberg	28.500.870	—
Bade	20.144.182	—
Hesse	9.333.674	—

V

Ainsi, sur cette somme énorme de 5 milliards, quelle portion l'Allemagne a-t-elle prélevée, soit pour alléger sa dette, soit pour diminuer ses impôts, soit pour encourager son commerce, son industrie? Aucune.

Une guerre heureuse lui a fourni le moyen de demander 5 milliards d'indemnité, 5 milliards! chiffre que jusqu'alors l'imagination humaine pouvait à peine concevoir, et pas un centime de ces 5 milliards n'a servi à augmenter le bien-être des populations allemandes! Dans toute cette longue énumération de l'emploi qui est fait de nos 5 milliards, nous ne voyons que des paiements de dépenses de guerre, dépenses précédemment faites ou à faire.

Pas de diminution d'impôts; pas de diminution de la dette publique; pas d'amélioration dans la situation financière, commerciale et industrielle: voilà ce que les Allemands ont récolté de cette guerre pour laquelle ils ont réclamé et obtenu 5 milliards d'indemnité. Si c'est là tout le profit que l'Allemagne a tiré de cette colossale rançon, on peut dire que nos milliards ne l'ont pas enrichie. Les États confédérés de l'Allemagne se sont avidement partagé nos 5 milliards. Chacun d'eux a puisé dans ces monceaux d'or et d'argent ; mais quel a été le bénéfice matériel des populations? Sont-elles moins obérées qu'en 1870? Paient-elles moins d'impôts? Leur commerce, leur industrie, sont-ils plus prospères? Les chiffres que nous avons cités répondent pour nous. Aussi peut-on se demander ce qu'il serait advenu de l'Allemagne, si, au lieu d'être victorieuse, elle avait été vaincue et obligée à nous payer ces 5 milliards qu'elle a si âprement exigés de nous, croyant nous épuiser à tout jamais?

TROISIÈME PARTIE

—

LES CINQ MILLIARDS

ONT-ILS APPAUVRI LA FRANCE?

I

Après avoir démontré comment notre pays avait trouvé les 5 milliards de sa rançon et les 5 milliards des frais de la guerre, grâce au développement progressif de la richesse publique, nous avons recherché dans quelle proportion ces 5 milliards avaient enrichi la Prusse et l'Allemagne. Il nous reste à examiner si le paiement de ces milliards a réellement appauvri la France, et quelle en a été l'influence sur notre commerce, notre industrie, nos finances, notre crédit.

Si le paiement des 5 milliards a appauvri la France, il est évident que son commerce extérieur et intérieur aura sensiblement diminué, que les impôts directs et indirects seront difficilement recouvrés, que les relevés des douanes constateront une notable diminution dans les échanges commerciaux.

Si les 5 milliards ont appauvri la France, le taux de l'argent sera plus élevé qu'autrefois ; les capitaux disponibles seront moins considérables dans les caisses des établissements de crédit ; enfin, dans le mouvement commercial qui s'opère grâce aux chemins de fer, à la poste, aux télégraphes, nous devons trouver la véritable expression de la situation de la France.

Au moment où nous écrivons ces lignes, le Parlement allemand vient de terminer une discussion financière des plus intéressantes sur l'utilité de la création d'une Banque impériale allemande. Nous ne retiendrons de cette discussion que deux paroles : la première, c'est l'éloge qui a été fait en plein Parlement allemand, de la situation financière de la France : « La nation française, a dit M. de Kardoff, député au Reichstag, nous a fourni un exemple de puissance financière comme aucune nation n'en a fourni jamais (1). » « Nous avons tous cru, s'est écrié un autre député, M. Siemens, que les 5 milliards payés d'Etat à Etat, avaient été payés de peuple à peuple, et nous nous sommes étonnés ensuite de ne pas en avoir chacun notre part. »

Ces aveux prouvent une fois de plus que les 5 milliards n'ont pas enrichi l'Allemagne, car ils n'ont pas servi à diminuer ses impôts, à réduire sa dette, améliorer sa situation commerciale et industrielle ; quant à nous, pour payer ces milliards, nos impôts ont été augmentés, notre dette s'est accrue ; la guerre de 1870 devait enrichir l'Allemagne au détriment de la France. Et maintenant que les 5 milliards sont payés, sommes-nous ruinés, ou même sommes-nous sensiblement appauvris ?

Examinons et comptons.

(1) Séance du 18 novembre 1874.

II

Depuis 1870, le commerce extérieur et intérieur de la France s'est-il ralenti? Pour répondre à cette question, il nous suffit de donner, comme premier point de comparaison, le relevé général de nos importations et de nos exportations pendant les neuf premiers mois des exercices qui se sont succédé depuis l'année 1870.

Nous avons reçu de l'étranger et expédié à l'étranger, pendant les neuf premiers mois des cinq dernières années, pour les chiffres suivants :

1870.	4.231.000.000 fr.
1871.	4.478.000.000
1872.	5,373,000,000
1873.	5.528.000.000
1874.	5.620.585.000

Le tableau des douanes nous donne les mouvements du commerce spécial et du commerce général pour les marchandises pendant l'année entière.

Le total des importations et exportations du commerce général était de 6.953 millions en 1870; il était de 9.258 millions fin 1872.

Le total des importations et exportations du commerce spécial est non moins important. En voici les chiffres exacts :

En 1870.	5.669	millions.
En 1871.	6.439	—
En 1872.	7.331	—
En 1873.	7.526	—

Les quantités de marchandises entreposées ont suivi la progression du mouvement commercial. Nos lecteurs savent ce que sont les entrepôts : des magasins dans lesquels les marchandises étrangères peuvent être déposées pendant un temps déterminé (maximum 3 ans), sans être soumises au paiement des droits de douane. Par l'entrée des marchandises en entrepôt, on peut juger de l'activité des relations internationales. Or, les entrées en entrepôts, qui s'élevaient à 427 millions de francs en 1870, tombaient à 195 millions en 1871, pour remonter à 469 millions en 1872 et dépasser 500 millions en 1873.

Le tableau des importations et des exportations du commerce français pendant les années 1870, 1871, 1872, 1873, et pendant les neuf premiers mois de ces mêmes années y compris l'année 1874 ; les relevés des douanes, les relevés des marchandises entrées en entrepôts, prouvent donc clairement que, en général, l'industrie et le commerce français ont pris un nouvel essor depuis la guerre.

Certaines industries ont particulièrement acquis un développement inattendu. On en jugera par les quelques exemples suivants :

L'exportation des tissus, tulles, passementeries s'élevait annuellement à :

De 1827 à 1836 à.	725.000	kilogr.
De 1837 à 1846 à.	900.000	»
De 1847 à 1856 à.	1.500.000	»
De 1857 à 1866 à.	3.316.616	»
En 1872 à.	3.992.692	»

Le mouvement des importations et exportations de fer, fonte et acier, n'est pas moins intéressant à suivre depuis 1870 :

	IMPORTATIONS.	EXPORTATIONS.
	—	—
1870. . .	7.909.009 fr.	2.193.424 fr.
1872. . .	21.211.646	30.323.679
1873. . .	20.351.770	37.270.570

Les exportations des produits de l'industrie céramique, tels que, poterie, faïence, porcelaine, glaces, miroirs, verres à lunettes, bouteilles, cristaux, se sont considérablement développées.

Elle atteignaient les chiffres de :

En 1869.	42.848.614 fr.
En 1873.	67.430.090

A Paris, la fabrication de la tabletterie et de la bimbeloterie qui était de :

9.001.552 fr. en 1870,
9.933.612 fr. en 1871,

atteignait en 1873 le chiffre de 19.863.206 francs.

Les exportations de papiers blancs, livres français, gravures, lithographies, ont éprouvé les variations suivantes :

	Papier blanc.	Livres français.	Grav. Lithogr.
	—	—	—
1869. .	11.333.364	12.521.400	5.749.580
1870. .	8.555.566	8 865.294	3.611.858
1871. .	8.891.830	9.785.294	4.241.071
1872. .	12.249.013	12.492.024	5.922.452
1873. .	15.271.962	12.816.735	6.330.290

Nous aurions encore bien d'autres chiffres à fournir ; nous pourrions indiquer la progression des matières premières entrées en France depuis 1870, donner les chiffres de la consommation sans cesse croissante de la houille, cette autre matière première, dont la consommation correspond au plus ou moins d'activité de l'industrie. Bornons-nous à constater les mouvements de la poste et du télégraphe, et les recettes des chemins de fer, ces trois agents du commerce et de l'industrie.

Le nombre de lettres, journaux, articles d'argent, transportés par la poste a été de :

En 1869.	364 millions.
En 1870.	281 —
En 1871.	305 —
En 1872.	349 —

Les recettes de la poste étaient de :

En 1869.	94.199.359 fr.
En 1870.	72.246.465
En 1871.	91.242.000
En 1872.	107.894.813

Les télégraphes ont transmis :

En 1869,	4.754.643	dépêches produisant	10.217,742 fr.
En 1870,	5.663.852	—	9.487.277
En 1871,	4.962.726	—	8.355.629
En 1872,	6.223.343	—	11.994.054

Voici le chiffre des dépêches expédiées à l'étranger :

En 1869.	699.235
En 1870.	621.550
En 1871.	598.794
En 1872.	827.781

Les recettes des chemins de fer, sur l'ancien réseau des six grandes Compagnies sont également en augmentation. Or, si, en 1873, les chemins de fer ont fait des recettes supérieures à celles des années précédentes, il faut évidemment en conclure que l'activité intérieure et le mouvement commercial du pays tendent à se développer depuis la guerre.

Voici les recettes kilométriques des anciens réseaux pour 1869 et 1873 :

	1869	1873
	—	—
Nord. . . .	80.113 fr. . . .	91.113 fr.
Est	63.916	81.166
Orléans . . .	44.252	45.566
Lyon. . . .	59.272	70.818
Ouest. . . .	66.509	71.129
Midi. . . .	44.746	56.832

Quant aux dépenses de luxe, consacrées au plaisir, au superflu, ont-elles diminué ? Voici la réponse :

Pendant la saison théâtrale 1859-1860, les recettes des théâtres se sont élevées à 9.667.149 fr.

Pendant la saison théâtrale 1871-1872, ces mêmes recettes se sont élevées à 9.957.870 fr.

Ainsi :

1° Développement et augmentation du commerce intérieur et extérieur de la France, c'est-à-dire des importations et des exportations, depuis la guerre ;

2° Augmentation sensible dans les transports par la poste ;

3° Augmentation dans l'expédition des dépêches ;

4° Augmentation des recettes kilométriques sur les anciens réseaux des six grandes compagnies de chemins de fer.

Tels sont les faits qui se dégagent des chiffres que nous avons cités.

Le paiement des 5 milliards n'a donc pas appauvri la France, au point d'empêcher le développement de son commerce et de son industrie. Le chiffre total des importations et des exportations du commerce français prouve ce que nous avançons.

Si nous avions besoin d'une autre preuve du développement du mouvement commercial, nous la trouverions dans le produit des impôts et revenus indirects. Il est évident, en effet, que, si les affaires sont plus actives, si la production s'accroît, si la consommation augmente, les droits perçus par le Trésor augmentent également.

Les impôts et revenus indirects ont produit pour les neuf premiers mois de 1872, 1873 et 1874 :

Impôts anciens :

1872 (neuf premiers mois). .	900.701.000 fr.
1873 — . .	963.401.000
1874 — . .	955.249.000

Les impôts et revenus indirects, anciens et nouveaux, ont produit :

En 1873 (neuf premiers mois).	1.291.429.100 fr.
En 1874 »	1.344.295.000
Augmentation pour 1874 . .	52.866.000 fr.

III

Ce qui est non moins remarquable, c'est l'abondance inouïe des capitaux disponibles, le bon marché de l'argent, et la continuation d'achats considérables faits pour le compte de l'épargne.

L'encaisse de la Banque de France atteignait :

Le 23 novembre 1871. . .	634 millions.
21 — 1872. . .	790 —
20 — 1873. . .	732 —
19 — 1874. . .	1,288 —

Ainsi, en trois années, l'encaisse métallique de la Banque de France a augmenté de 654 millions, c'est-à-dire a plus que doublé.

Si, aux 1,288 millions d'encaisse de la Banque de France, nous ajoutons le total des fonds disponibles dans les caisses des établissements de crédit, soit en comptes courants, soit en dépôts, soit en comptes de chèques avec ou sans intérêts, nous trouvons qu'il existe actuellement, en France, plus de 2 milliards disponibles, sans compter les capitaux déposés dans les banques particulières, dans les maisons de commerce, chez les particuliers.

Au 31 août 1874, les fonds en dépôt à la Banque de France, au Crédit foncier, au Crédit agricole, au Crédit industriel, à la Société de dépôts et comptes courants, au Comptoir d'escompte, à la Société générale, au Crédit lyonnais, s'élevaient au chiffre de 872.982.544 fr. 12.

Au 31 août 1873, ces mêmes sommes disponibles s'élevaient seulement au chiffre de 626,347,002 fr. 05.

Cette grande abondance de capitaux a exercé naturellement son influence sur le taux de l'escompte et sur les prix de nos fonds publics.

Le tableau suivant en donnera une idée exacte :

	24 Nov. 1870	23 Nov. 1871	21 Nov. 1872	20 Nov. 1873	19 Nov. 1874
Taux d'escompte....	6 0/0	6 0/0	5 0/0	6 0/0	4 0/0
Cours du 3 0/0.....	53 25	56 70	53 »	58 »	61 47
Cours du 5 0/0......	»	90 20	83 80	90 75	98 85
Prime de l'or.......	»	18 1/2 0/0	14 0/0	10 0/0	Pair
Change sur Londres.	»	25 80	25 67	25 49	25 14

Il résulte de ce tableau que, de novembre 1870 à novembre 1874 :

1° Le taux de l'escompte a baissé de 6 p. 100 à 4 p. 100;

2° Le 3 p. 100 a monté de 56 fr. 70 à 61 fr. 47, soit 4 fr. 77 de hausse;

3° Le 5 p. 100 a monté de 90 fr. 20 à 98 fr. 85 : hausse 8 fr. 65;

4° Enfin, l'or qui faisait 18 fr. 50 de prime par 1,000 fr. est au pair et s'échange au même titre que les billets de banque.

Nous pouvons donc dire encore que le paiement des cinq milliards n'a pas appauvri la France au point de l'empêcher de retrouver de l'argent à bon marché, et de relever le cours de ses fonds publics.

IV

Nous terminerons cette longue série de tableaux et de chiffres, par un relevé des rentes achetées et vendues par les receveurs généraux des départements pendant les neuf premiers mois des années 1871, 1872, 1873, et par le détail des obligations des six grandes compagnies de chemins de fer émises et vendues du 31 décembre 1871 au 30 septembre 1874.

Pendant les neuf premiers mois des années 1871, 1872, 1873, il a été acheté, au total, 46.876.332 fr. de rentes françaises, ayant coûté 852.735.735 fr.

Pendant les neuf premiers mois de ces mêmes années, il a été vendu 5.058.074 fr. de rentes ayant produit 72 millions 568.308 fr.

L'excédant des achats sur les ventes a donc été de 780 millions 167.427 fr.

Nous n'avons pas les chiffres exacts pour les neuf premiers

mois de l'année 1874 : tout le monde sait que les achats des receveurs généraux ont été de beaucoup plus considérables cette année que les années précédentes (1). Nous sommes plutôt au-dessous de la vérité en évaluant à 1,200 millions le chiffre des rentes achetées pendant les neuf premiers mois des années 1871 à 1874, soit environ 1,600 millions pour le total de ces quatre années.

Voici le chiffre exact des obligations de chemins de fer 3 p. 100 émises par les Compagnies de Lyon, du Nord, du Midi, d'Orléans, de l'Ouest, de l'Est, du 31 décembre 1871 au 30 septembre 1874 :

NOM des OBLIGATIONS	NOMBRE de TITRES NÉGOCIABLES au 31 déc. 1871.	NOMBRE de TITRES NÉGOCIABLES au 30 sept. 1874.	CHIFFRE TOTAL des Obligations émises du 31 déc. 1871 au 30 sept. 1874.
Fusion 1866	1.680.200	2.810.689	
Nord	1.125.000	1.754.763	
Midi	1.869.067	2.068.221	
Orléans	2.972.518	3.269.997	
Ouest	2.878.589	3.346.000	
Est	1.500.000	1.979.836	
Totaux......	12.025.374	15.229.506	**3.204.132**

Ainsi, du 31 décembre 1871 au 30 septembre 1874, les six grandes Compagnies de chemins de fer ont livré à leurs guichets, ou directement sur le marché de la Bourse, 3.204.132 obligations. En calculant le prix d'émission au taux moyen de 275 fr., nous trouvons que ces émissions ont produit 881 millions, qui ont été fournis par les achats de

(1) M. Léon Say évalue, dans son Rapport, à 1,275,000,000 de francs, le montant en capital des rentes achetées 3, 4 1/2, 5 et 6 p. 100, Morgan, du 1er juillet 1871 au 1er janvier 1874.

l'épargne. Ajoutons à ce chiffre le montant des achats de rentes, nous trouvons que, depuis la guerre et malgré nos deux grands emprunts, aujourd'hui classés et presque au pair, les capitalistes français ont acheté, soit en rente française, soit en obligations des grandes lignes, pour environ 2.500 millions ; ajoutons que nous ne comptons que pour mémoire, toutes les émissions qui ont été faites depuis quatre ans, et tous les placements qui ont été effectués sur des valeurs autres que les rentes 3 et 5 p. 100, et les obligations des six grandes Compagnies de chemins de fer.

Ces derniers chiffres prouvent mieux que tous les raisonnements possibles, la puissance et la richesse de notre pays. Si le paiement des 5 milliards l'avait appauvri, eût-il pu trouver des capitaux aussi considérables pour effectuer de nouveaux placements? L'argent serait-il aussi abondant? Que pourrions-nous ajouter à de pareilles constatations? Les chiffres parlent d'eux-mêmes.

V

Il est un autre fait qui prouve clairement la vitalité de la France et le non-appauvrissement de notre pays : c'est la rentrée des impôts. Dans un pays pauvre, les impôts se payent difficilement, et, à plus forte raison, se payeraient-ils plus difficilement encore, si l'augmentation des charges publiques avait sensiblement progressé. Depuis la guerre, il a été créé plus de 800 millions d'impôts. Le budget qui était de 1,800 millions en 1869, atteint 2,600 millions en 1875.

Les contributions foncières, personnelles et mobilières, des portes et fenêtres, taxes de premier avertissement, étaient évaluées à 309 millions pour 1868, et pour 1872 à 429 millions, en y comprenant l'impôt sur les valeurs mobi lières et les taxes spéciales assimilées aux contributions directes. Les droits d'enregistrement évalués pour 1869 à 367 millions atteignent 430 millions en 1875 ; les droits de timbre évalués à 89 millions en 1869, sont portés à 141 millions en 1875. Nous pourrions citer encore d'autres droits dont l'augmentation a été des plus sensibles.

Or, si la France avait été appauvrie, eût-elle pu supporter de semblables charges? Pourrait-elle les payer? Ne succomberait-elle pas sous le poids de ces impôts écrasants? Ne verrait-on pas des troubles éclater à l'occasion de la perception de ces impôts? Rappelons-nous que les questions d'impôts ont soulevé de tout temps les plus vives agitations populaires. L'insurrection de Masaniello à Naples, fut provoquée par l'impôt du sel. Les Bourbons en 1815 ont été accueillis en France au cri de « à bas les droits réunis! ». Le seul souvenir des 45 centimes de M. Garnier-Pagès rappelle toute l'impopularité de cette mesure; enfin, bien des impôts ont été jusqu'à ces derniers temps si impopulaires que chaque parti en France voulant arriver au pouvoir en promettait la suppression. Nous avons vu, il y a moins de deux ans, l'impopularité qui s'est attachée aux droits que M. Thiers voulait établir sur les matières premières. Le premier soin du gouvernement du maréchal de Mac-Mahon a été de les abolir.

Eh bien, que voyons-nous aujourd'hui? les impôts rentrent; ces formidables impôts, dont la guerre est la cause, s'acquittent et se paient, non-seulement avec ponctualité, mais même par avance.

Au 31 décembre 1872, les douzièmes recouvrés étaient de 11.31 p. 100; ils étaient de 11.41 p. 100 au 31 décembre 1873.

Que conclure de ces chiffres? Que tous ces impôts contre l'établissement desquels nous nous sommes unanimement récriés, se paient sans difficulté, et sont supportés par les contribuables plus facilement qu'on ne pouvait l'espérer.

VI

Donc, développement du commerce intérieur et extérieur du pays, augmentation dans le rendement des impôts indirects, abondance et bon marché de l'argent, achats considérables faits par l'épargne, paiement facile des nouveaux impôts : tels sont les faits qui prouvent jusqu'à l'évidence que les cinq milliards payés à l'Allemagne n'ont pas appauvri la France. Comme nous le disions dans la première partie de cette étude, quand nous recherchions comment la France avait trouvé ces cinq milliards, ce sont les économies réalisées autrefois, grâce à une prospérité sans égale, à un développement prodigieux du commerce et de l'industrie, qui nous ont permis d'acquitter cinq milliards de la rançon et cinq milliards de frais de la guerre. Ces économies étaient représentées soit par des placements faits en France et à l'étranger, soit par des placements effectués sur certaines valeurs industrielles, soit par des avances commerciales dues à nos compatriotes sur les différents points du globe. Lorsque nos deux emprunts furent émis, des ventes nombreuses de fonds étrangers et de valeurs industrielles eurent lieu ; la France, créditrice de l'étranger grâce à ses exportations, rentra dans les fonds qui lui étaient dus, et tous ces capitaux réalisés, furent, pour la majeure partie, employés à souscrire à nos emprunts de libération.

C'est ainsi que nos emprunts ont été souscrits : les choses se sont passées comme si les cinq milliards avaient été remis à l'Allemagne en titres de rente française et comme si les Français avaient envoyé leurs épargnes à Berlin pour racheter ces titres de rente, de même qu'ils les envoyaient auparavant à l'étranger pour acheter des valeurs étrangères, fonds d'Etats ou titres industriels. En un mot, les capitalistes français ont remplacé par de la rente française :

1° Une partie des valeurs étrangères qu'ils possédaient ;

2° Une partie des économies qu'ils avaient disponibles ;

3° Une partie, enfin, des créances dont ils disposaient sur l'étranger.

Toutefois, si le commerce et l'industrie se sont développés, depuis la guerre, si, au point de vue financier, notre situation est incontestablement meilleure qu'il y a quatre années, il ne faudrait pas en conclure que le commerce et l'industrie sont dans une situation matériellement aussi avantageuse qu'avant la guerre. Leurs bénéfices, en effet, malgré l'accroissement des affaires, sont moindres, car il faut acquitter des charges et des impôts, qui n'existaient pas il y a quatre ans; et les impôts ne sont, en définitive, qu'un prélèvement opéré sur la fortune privée, sur les économies ou sur le travail des particuliers. Mais c'est déjà beaucoup que le paiement des milliards de la guerre n'ait pas enlevé au commerce et à l'industrie les capitaux qui leur sont nécessaires; c'est déjà beaucoup que l'on puisse encore aujourd'hui trouver de l'argent à bon marché ; c'est déjà beaucoup que nous voyions, après des catastrophes aussi terribles, la France remise au travail, ayant conscience de ses forces et envisageant l'avenir avec confiance. Non-seulement nos cinq milliards n'ont pas enrichi l'Allemagne ; mais ils ne nous ont pas appauvris.

QUATRIÈME PARTIE

—

LE MILLIARD DE LA PAIX

CONCLUSION

En entreprenant cette suite d'études, nous n'avons eu pour but ni de faire un vain étalage des forces de notre pays, ni de placer sous les yeux d'un ennemi jaloux toutes les richesses, toutes les ressources que, Dieu merci, nous possédons encore. Nous avons cru qu'il n'y avait nul danger à dire ici ce que l'Allemagne connaît à merveille; nous avons pensé même que, si au delà du Rhin on le savait trop bien, en France on ne le savait pas assez, et qu'il importait que nous connussions toutes nos ressources afin de n'en laisser perdre aucune.

Non, la France n'a point perdu sa richesse ; elle n'a point vu son commerce et son industrie péricliter ; elle a encore de puissants éléments d'action, un crédit immense, des capitaux abondants. Telles sont les forces qu'il ne faut point laisser s'énerver, s'amoindrir; telle est la fortune qu'il ne faut pas laisser improductive.

Et cette richesse accumulée, cette richesse dont naguère encore nous ignorions l'étendue, comment a-t-elle été acquise ? Par vingt ans d'un travail paisible, poursuivi au sein de l'ordre, dans une sécurité complète, dans le silence presque absolu des passions politiques.

Un régime stable, des institutions fortes, un grand système économique largement appliqué, de grands travaux publics entrepris, de nouveaux chemins de fer tracés, des routes, des canaux, des ports, des monuments construits, la capitale, toutes les grandes villes transformées, renouvelées : tels ont été les puissants stimulants grâce auxquels notre commerce et notre industrie ont pu prendre un essor rapide que nos revers, nos fautes, nos cruelles dissensions n'ont pu ralentir.

L'État dépensait beaucoup assurément (1); mais c'étaient des dépenses productives pour le pays, de sages et prudentes dépenses, sommes qui sortaient du Trésor public pour rentrer décuplées dans les fortunes privées. Plût à Dieu qu'on se fût montré moins avare des deniers de la France, lorsqu'il s'agissait de développer notre puissance militaire et de la mettre en harmonie avec celle des autres nations. Que de maux, que de désastres quelques centaines de millions sacrifiés avec prévoyance ne nous eussent-ils pas épargnés !

Puisque nous savons à quelles conditions et par quels moyens un peuple s'enrichit et prospère, faisons donc, des leçons du passé, les règles de l'avenir. La France a encore des milliards. Qu'on s'en serve avec intelligence et sagesse. Cette fortune permettra de reprendre l'œuvre interrompue, de reconstituer notre armée, notre matériel de guerre, de mettre notre territoire à l'abri des attaques du dehors ; elle nous permettra surtout de renouveler, de développer dans

(1) De 1852 à 1868 il a été dépensé pour travaux extraordinaires de toute nature 2,364,437,000 fr.

de vastes proportions notre outillage social, industriel, commercial, de faire toutes ces dépenses salutaires, productives, qui ont tant contribué à rendre fructueux le travail national.

Que l'Etat n'hésite pas à demander à la France l'argent qui lui est nécessaire pour les grands travaux de la paix.

Mais, qu'on se hâte ; qu'on ne laisse pas à l'épargne tout entière le temps de trouver un autre emploi ; qu'on ne la laisse pas se détourner de nos fonds d'Etat. L'instant est propice ; l'œuvre est grande et belle, le succès certain. Nous avons trouvé les dix milliards de la guerre ; nous trouverons, quand on le voudra, le milliard de la paix.

Alfred NEYMARCK.

Décembre 1874.

Paris. — Imp. Balitout, Questroy et Cie, rue Baillif, 7.

www.ingramcontent.com/pod-product-compliance
Ingram Content Group UK Ltd.
Pitfield, Milton Keynes, MK11 3LW, UK
UKHW032010260826
14628UKWH00005B/2403

9 782013 371834